Mehr neue Muffins

kleine Kuchen – großer Genuss

Autorinnen: Stefanie Poziombka | Birgit Rademacker
Fotos: Michael Brauner

Inhalt

Die Theorie

Die Rezepte

Jeder mag sie

Kleine Kuchen, feine Törtchen, pikanter Snack oder Leckerei auf dem Büfett – Muffins sind unendlich wandelbar und für fast jede Gelegenheit geeignet. Die einfachen Grundzutaten sind schnell zusammengerührt und lassen sich durch aromatische Gewürze, Schokolade, frische Früchte und Gemüse leicht variieren.
Verfeinert mit köstlichen Cremes, bunten Glasuren oder frischen Saucen verzaubern unsere Muffins auch anspruchsvolle Schlemmer.

Muffins

Muffins richtig backen

Muffins werden optimal, wenn man die trockenen und die feuchten Zutaten zuerst getrennt voneinander verrührt, dann alles kurz miteinander vermischt und die Muffins sofort bäckt. Bei der Verwendung von geschmolzener Butter sollten die anderen Zutaten ebenfalls Zimmertemperatur haben, da sonst die Butter erstarrt und ausflockt.

FÜR 12 STÜCK

➤ **250 g Mehl**
2 TL Backpulver
2 Eier
300 g Joghurt
100 g Zucker
80 ml Öl oder 100 g geschmolzene Butter

➤ **Nach Belieben:**
250 g Obst (frisch, unaufgetautes TK-Obst oder abgetropfte Dosenfrüchte)
12 Papierförmchen oder Fett für die Form

TIPP

Pikante Muffins

Dieses Grundrezept ist auch die Grundlage für pikante Muffins. Dafür den Zucker weglassen und durch 1–2 TL Salz ersetzen. Nach Belieben Kräuter, 200 g gewürfelten Schinken, 200 g Käse, gedünstetes Gemüse o. ä. hinzufügen.

1 *Ofen auf 180° (Umluft 160°) vorheizen. Papierförmchen einsetzen oder die Vertiefungen fetten und das Blech kühl stellen.*

2 *Eventuell Obst vorbereiten, abtropfen lassen oder klein schneiden. Mehl und Backpulver mischen. Obst unterheben.*

3 *Eier, Joghurt, Zucker und Öl oder Butter gründlich verquirlen, dann die Mehlmischung zügig unterrühren.*

4 *Den Teig einfüllen. Im Backofen (Mitte) 20–25 Min. backen. Muffins 5–10 Min. im Blech ruhen lassen, dann auf einem Kuche gitter auskühlen lasse*

Grundzutaten

Mehl: Meist wird Weizenmehl Type 405 verwendet. Es kann zum Teil durch gemahlene Nüsse, Weizengrieß oder Maismehl ersetzt werden. Bei Vollkornmehl auf 250 g Mehl zusätzlich 50–100 ml Flüssigkeit zugeben.

Backtriebmittel: Backpulver lässt den Teig aufgehen. Es wird immer zuerst mit dem Mehl vermischt und dann zu den feuchten Zutaten gegeben. Teig anschließend zügig weiterverarbeiten und backen.

Eier: Ihre Kennzeichnung ist seit dem 01.01.2004 in der EU Pflicht: 0 = Öko-Ei, 1 = Freilandhaltung, 2 = Bodenhaltung, 3 = Käfighaltung. Dann folgt der Landescode (z. B. DE = Deutschland) und die Produzentenkennnummer.

Milchprodukte: Häufig wird in den Rezepten Buttermilch verwendet, die jedoch 1:1 gegen Joghurt, saure Sahne oder Milch ausgetauscht werden kann. Bei Verwendung von Frucht- oder Vanillejoghurt den Zucker evtl. reduzieren.

Zucker: Weiße Raffinade, brauner Zucker, Rohzucker, Fruchtzucker, Honig und Ahornsirup eignen sich gleich gut. Süßstoff sollten Sie nicht verwenden, da ihm das Volumen fehlt, das für das Gelingen wichtig ist.

Fett: Geschmacksneutrales Pflanzenöl ist ideal (z. B. Raps- oder Sonnenblumenöl). Kaltgepresstes Öl ist für hohe Temperaturen nicht geeignet. Butter oder Margarine vor der Verwendung bei schwacher Hitze schmelzen.

Gewürze und Aromen

Vanille: Die wertvollen Schoten einer Orchideenart werden einzeln in Glasröhrchen angeboten. Erhältlich ist auch Vanilleextrakt und Bourbon-Vanillezucker mit echter Vanille. Vanillinzucker enthält künstliches Aroma.

Zitrusschale: Am besten frisch reiben oder mit dem Zestenreißer abziehen, dabei die weiße Haut nicht verwenden, da sie bitter schmeckt. Geeignet sind Zitronen, Limetten und Orangen mit unbehandelter Schale.

Kaffee: Espresso, aber auch lösliches Kaffee- oder Cappuccinopulver geben ein bittersüßes Aroma, das auch gut mit Kardamom, mit Schokolade oder Sahne harmoniert. Frisch gebrühten Kaffee oder Espresso abkühlen lassen.

Zimt, Nelken, Anis und Kardamom: Sie werden frisch gemahlen verwendet. Vorsichtig dosieren, denn sie würzen sehr intensiv. Bei zu langer Lagerung verfliegen die ätherischen Öle und mit ihnen das Aroma.

Ingwer: Der frische, leicht scharfe Geschmack gibt den Muffins noch einen besonderen Kick. Geeignet ist in Sirup eingelegter (auch den Sirup verwenden) oder frisch geschälter Ingwer, beides ganz fein würfeln.

Curry, Chili & Co.: Für pikante Muffins eignen sich fast alle Gewürze. Probieren Sie aus, was Ihnen am besten schmeckt. Ungewöhnlich, aber gut und sehr trendy: Süße Schokomuffins mit feiner Chilischärfe (Rezept s. S. 35).

Schokolade

Kakao: Durch das Mahlen der fermentierten und gerösteten Kakaobohnen entsteht Kakaomasse. Sie enthält die trockenen Bestandteile der Kakaobohne und Kakaobutter. Kakaopulver ist entölte, pulverisierte Kakaomasse.

Schokolade: Sie besteht aus Kakaomasse mit unterschiedlich hohem Anteil Kakaobutter, Zucker und Milch oder Sahne. Je höher der Kakaoanteil, desto bitterer ist sie. Milchschokolade enthält 30 % Kakao, bittere bis zu 90 %.

Kuvertüre: Sie hat einen hohen Anteil an Kakaobutter und schmilzt darum besonders gut. Bei mittlerer Hitze über dem Wasserbad oder auf niedriger Stufe in der Mikrowelle schmelzen.

Schokochips und -tropfen: Sie bestehen aus bitterer Schokolade mit geringem Kakaobutteranteil, deshalb schmelzen sie nicht so schnell und behalten beim Backen ihre Form.

Weiße Schokolade: Sie enthält nur die Kakaobutter aus den Kakaobohnen, außerdem Zucker und Milch oder Sahne. Streng genommen ist weiße Schokolade somit keine Schokolade, da sie keinen Kakao enthält.

Fettglasur: Sie besteht aus Speisefetten, Zucker und stark entöltem Kakaopulver. Die Schmelztemperatur darf 70° nicht überschreiten. Es gibt sie auch ohne Kakao mit Nuss- oder Vanillearoma.

Drinnen, drauf und dazu

Mit Zuckerguss: Ganz einfach gut: 200 g Puderzucker mit 2–3 EL Flüssigkeit zu einer Glasur anrühren, die Muffins hineintauchen und abtropfen lassen.

➤ **Mehr Geschmack:** Puderzucker mit Zitronen-, Orangen- oder Kirschsaft, Rum oder Likör anrühren.

➤ **Mehr Farbe:** Kirschlikör färbt rosa, Heidelbeer- oder Holunderbeersaft lila, Orangensaft gelb.

➤ **Mehr Struktur:** Den noch feuchten Zuckerguss mit bunten Zuckerstreuseln und -perlen oder gehackten Pistazien bestreuen.

Mit Karamell: Karamell selbst gemacht: 100 g Zucker im Topf unter Rühren schmelzen lassen, bis er hellbraun und dickflüssig wird. Sofort verarbeiten, Karamell wird sehr schnell fest. Durch langsames Erhitzen mit Wasser oder Sahne wird er wieder flüssig.

➤ **Krokant:** Karamell mit ganzen oder gehackten Mandeln oder Nüssen mischen und auf eine kalte Unterlage (Marmorplatte oder auch Backblech) gießen, fest werden lassen und in Stücke brechen.

➤ **Karamellsauce:** 100 g Zucker in einem Topf zum Schmelzen bringen, vom Herd nehmen und 50 g Butter unterrühren (die Masse wird dabei fest). Wieder erhitzen und 300 g Sahne unterrühren.

➤ **Bitte beachten:** Geschmolzener Zucker ist sehr heiß. Unbedingt vollständig auskühlen lassen, bevor probiert wird!

Mit Sirup: Gut getränkt und richtig durchgezogen werden Muffins besonders saftig.

➤ **Orangensirup:** 200 ml frisch gepressten Orangensaft mit 130 g Zucker erhitzen und offen in 10–15 Min. dickflüssig einkochen lassen. Nach Belieben mit etwas Zimt- oder Nelkenpulver aromatisieren. Abkühlen lassen, die Muffins mit einem Zahnstocher mehrmals einstechen und mit Sirup tränken.

➤ **Ebenfalls zum Tränken:** Fertiger Sirup, z. B. mit Vanille- oder Nussaroma, Kaffee, Rum, Cognac, Portwein, Amaretto, Kokos- oder Orangenlikör.

➤ **Brände und Liköre:** Klassiker wie Obstbrände, Grappa, Cognac oder Liköre wie z. B. Amaretto, Orangen-, Kaffee-, Schoko- oder Eierlikör in den fertigen Kaffee geben und Muffins damit tränken.

Mit Cremes: Cremig-saftige Deko oder Füllung für Muffins bringt Abwechslung.

➤ **Schoko-Creme:** 250 g dunkle Kuvertüre, 125 g Sahne und 70 g Butter im Wasserbad unter Rühren schmelzen. Völlig abkühlen lassen und mit dem Handmixer cremig schlagen.

➤ **Maracujacreme:** 3 Maracujas halbieren, Fruchtmark mit 200 g Mascarpone und 1 EL Puderzucker verrühren.

➤ **Orangen-Frischkäsecreme:** 250 g Frischkäse cremig rühren, 2–3 EL Puderzucker, Mark von 1 Vanilleschote, abgeriebene Schale und Saft von 1/2 Orange unterrühren.

➤ **Wasabi-Frischkäsecreme:** 200 g Frischkäse mit 3 EL Milch, 1/2 TL Wasabi und 4 EL Dillspitzen verrühren. Mit Salz abschmecken.

Mit Sahne: Als Topping und Klassiker ist Sahne immer wieder unvergleichlich gut.

➤ **Vanillesahne:** 200 g Sahne steif schlagen, 100 g Vanillejoghurt unterheben.

➤ **Himbeersahne:** 200 g Sahne mit 1 EL Zucker steif schlagen. 100 g Himbeeren leicht zerdrücken (oder TK-Beeren) und locker unterheben.

➤ **Limettensahne:** 200 g Sahne mit 2 EL Zucker steif schlagen, abgeriebene Schale von 1 Limette unterrühren.

➤ **Mokkasahne:** 200 g Sahne steif schlagen, 2 EL sehr starken Kaffee oder Espresso mit 1 EL Kaffeelikör und 2 TL Puderzucker verrühren und nach und nach unter die Sahne schlagen.

Saucen: Cremige Ergänzung zu süßen und pikanten Muffins.

➤ **Joghurt-Minze-Sauce:** 200 g Joghurt (10 % Fett) mit 2 EL Zitronensaft und 3 EL fein gehackter frischer Minze verrühren. Mit Zucker oder für pikante Muffins mit etwas Salz abschmecken.

➤ **Aprikosensauce:** 200 g Aprikosen mit 1/8 l Orangensaft, Mark von 1 Vanilleschote und 3 EL Zucker pürieren. Statt Aprikosen eignen sich auch Pflaumen sehr gut.

➤ **Chili-Sauce:** 1 Fleischtomate und 2 frische rote Chilischoten putzen, mit 1 geschälten Knoblauchzehe im Mixer pürieren. Mit 150 ml Wasser, 5 EL Weinessig und 100 g Zucker aufkochen. 20 Min. einkochen lassen, bis die Sauce sämig wird.

Mehr Aroma

Vanille, Zimt und Nelken, Orangen, Limetten oder knuspriger Karamell verwandeln den einfachsten Muffinsteig in immer wieder neue feine Küchlein. Ingwer, Kardamom und Rosenessenz lassen sie verführerisch nach Orient duften.

Blitzrezepte

Anis-Muffins

FÜR 12 STÜCK

➤ **250 g Mehl | 2 1/2 TL Backpulver 3 TL gemahlener Anis | 100 g Pinienkerne | 2 Eier | 100 g Zucker | 80 ml Öl 300 g Buttermilch | 2 EL Puderzucker 2 EL Zitronensaft | Fett für die Form**

1 | Ofen auf 180° (Umluft 160°) vorheizen. Blech fetten, kalt stellen. Mehl, Backpulver, 2 TL Anis und Pinienkerne mischen. Eier, Zucker, Öl und Buttermilch verquirlen. Mehlmischung unterrühren.

2 | Den Teig in die Vertiefungen füllen. Im Backofen (Mitte) in 15–20 Min. goldbraun backen. 5 Min. im Blech ruhen lassen, dann herausnehmen. Puderzucker mit Zitronensaft und 1 TL Anis glatt rühren, die Muffins noch warm damit bestreichen.

Kaffee-Muffins

FÜR 12 STÜCK

➤ **200 g Mehl | 50 g gemahlene Mandeln 2 TL Backpulver | 2 EL Kakaopulver 2 Eier | 300 g Joghurt | 75 ml Öl 6 TL Instant-Kaffeepulver 150 g Zucker | 12 Kaffepralinen (z. B. Pocketcoffees) | Fett für die Form**

1 | Backofen auf 180° (Umluft 160°) vorheizen. Blech fetten, kalt stellen. Mehl, Mandeln, Backpulver und Kakaopulver mischen. Eier, Joghurt, Öl, Kaffeepulver und Zucker verquirlen. Mehlmischung unterrühren. Teig in die Vertiefungen füllen, in jede Vertiefung eine Kaffeepraline drücken, Teig über der Praline verstreichen. Im Ofen (Mitte) 25 Min. backen. 5 Min. im Blech ruhen lassen, auf einem Kuchengitter auskühlen lassen.

fruchtig | aromatisch

Ingwer-Muffins

FÜR 12 STÜCK

- **150 g Butter**
- **1 unbehandelte Zitrone**
- **100 g in Sirup eingelegter Ingwer**
- **250 g Mehl**
- **2 EL Backpulver**
- **2 Eier**
- **100 g Zucker**
- **125 g Sahne**
- **125 ml Milch**
- **2 EL Orangenmarmelade**
- **Fett für die Form**

Zubereitung: 20 Min.
Backzeit: 20 Min.
Pro Stück ca.: 290 kcal

1 | Die Butter schmelzen. Zitronenschale mit dem Zestenreißer abziehen. Saft auspressen. Den Ingwer fein hacken. Das Muffinblech fetten und kalt stellen.

2 | Den Backofen auf 180° (Umluft 160°) vorheizen. Mehl, Zitronenschale und Backpulver mischen.

3 | Die Eier mit Zucker, Sahne, Milch, Zitronensaft und Butter verquirlen. Die Mehlmischung und den Ingwer zügig unterrühren.

4 | Den Teig in die Vertiefungen der Form füllen. Im Backofen (Mitte) 15–20 Min. backen. 5 Min. im Blech ruhen lassen. Orangenmarmelade erhitzen und die Muffins damit bestreichen. Die Muffins herausnehmen und auf einem Kuchengitter auskühlen lassen.

➤ Dazu passt süßherbe Orangen-Joghurt-Sauce: 3 EL Orangenmarmelade mit 3 EL Orangensaft glatt rühren. Mit 200 g cremigem Joghurt mischen.

weihnachtlich

Lebkuchen-Muffins

FÜR 12 STÜCK

- **125 g Butter**
- **150 g Mehl**
- **2 1/2 TL Backpulver**
- **1 TL Lebkuchengewürz**
- **75 g Rosinen**
- **75 g Zitronat**
- **100 g gehackte Nüsse**
- **2 Eier**
- **80 g Zucker**
- **300 g Joghurt**
- **18 blanchierte, weiße Mandeln**
- **Fett für die Form**

Zubereitung: 20 Min.
Backzeit: 25 Min.
Pro Stück ca.: 290 kcal

1 | Butter schmelzen. Den Backofen auf 180° (Umluft 160°) vorheizen, das Muffinblech fetten und kalt stellen.

2 | Mehl mit Backpulver, Lebkuchengewürz, Rosinen, Zitronat und gehackten Nüssen mischen. Eier, Zucker und Joghurt verquirlen. Zügig mit der Mehlmischung und der Butter verrühren. In die Vertiefungen der Form füllen. Sternförmig mit je 3 Mandelhälften belegen.

3 | Im Backofen (Mitte) 20–25 Min. backen. 5 Min. im Blech ruhen lassen, herausnehmen und auf einem Kuchengitter auskühlen lassen.

im Bild links: **Ingwer-Muffins** *im Bild rechts:* **Lebkuchen-Muffins** ➤

würzig | provenzalisch

Honig-Thymian-Muffins

FÜR 12 STÜCK

- **150 g Mehl**
  100 g gemahlene Mandeln
  1 1/2 TL Backpulver
  1 gestrichener TL getrockneter Thymian
  2 Eier
  150 g flüssiger Honig
  80 ml Öl
  300 g Buttermilch
  Fett für die Form

Zubereitung: 15 Min.
Backzeit: 20 Min.
- Pro Stück ca.: 190 kcal

1 | Backofen auf 180° (Umluft 160°) vorheizen. Das Blech fetten und kalt stellen.

2 | Mehl, Mandeln , Backpulver und Thymian mischen. Eier, Honig, Öl und Buttermilch verrühren. Mehlmischung zügig unter die Eimischung rühren.

3 | Teig in die Vertiefungen füllen. Im Backofen (Mitte) 20 Min. backen. Im Blech 5 Min. ruhen lassen, herausnehmen und abkühlen lassen.

- Dazu passt: Limettensahne oder die fruchtige Aprikosensauce (Rezepte S. 9).

TIPP

Mit Wald- oder Kastanienhonig zubereitet, schmecken die Muffins besonders würzig. Wer es milder mag, verwendet Blüten- oder Akazienhonig. Am besten schmecken diese Muffins, wenn sie nach dem Backen 1–2 Tage durchziehen.

zart | cremig

Pudding-Törtchen

FÜR 12 STÜCK

- **1/2 unbehandelte Zitrone**
  1 Päckchen Vanille-Puddingpulver
  4 EL + 120 g Zucker
  1/2 l Milch
  200 g Mehl
  2 TL Backpulver
  2 Eier
  250 g Joghurt
  70 ml Öl
  Fett für die Form

Zubereitungszeit: 30 Min.
Abkühlzeit: 1 Std.
Backzeit 20. Min.
- Pro Stück ca.: 160 kcal

1 | Schale der Zitrone mit dem Zestenreißer abziehen. Saft auspressen. Pudding nach Packungsanleitung mit 4 EL Zucker und der Milch kochen, dabei die Zitronenschale unterrühren. Den Pudding abkühlen lassen.

2 | Backofen auf 180° (Umluft 160°) vorheizen. Muffinblech fetten und kalt stellen. Mehl und Backpulver mischen. 120 g Zucker mit den Eiern, Joghurt, Zitronensaft und Öl verquirlen. Die Mehlmischung zügig unterrühren. Den Teig in die Vertiefungen der Form verteilen und jeweils eine Vertiefung hineindrücken.

3 | Je 1 EL Pudding in die Mitte des Teigs setzen. Im Backofen (Mitte) in 20 Min. goldbraun backen. 5 Min. im Blech ruhen lassen, herausnehmen und auf einem Kuchengitter auskühlen lassen. Die Muffins schmecken frisch am besten.

im Bild vorne: **Pudding-Törtchen** *im Bild hinten:* **Honig-Thymian-Muffins**

bittersüß
frisch am besten

Milchkaffee-Muffins

FÜR 12 STÜCK

- 120 g Butter
- 3 Eier
- 250 g Mehl
- 2 1/2 TL Backpulver
- 3 Tassenportionen löslicher Cappuccino
- 120 g + 1 EL Zucker
- 250 g Buttermilch
- Fett für die Form

Zubereitung: 20 Min.
Backzeit: 20 Min.
Pro Stück ca.: 240 kcal

1 | Backofen auf 180° (Umluft 160°) vorheizen. Muffinblech fetten und kalt stellen. Butter schmelzen. 2 Eier trennen, Eiweiße beiseite stellen.

2 | Mehl, Backpulver und Cappuccinopulver mischen. Die Eigelbe, 1 Ei, 120 g Zucker, Butter und Buttermilch verquirlen, dann die Mehlmischung zügig unterrühren. Teig in die Vertiefungen füllen. Im Backofen (Mitte) 10 Min. backen.

3 | Inzwischen die Eiweiße mit 1 EL Zucker steif schlagen. Auf den vorgebackenen Muffins verteilen und weitere 10 Min. backen. Im Blech 5 Min. ruhen lassen, herausnehmen, abkühlen lassen.

mild aromatisch

Rosen-Muffins

FÜR 12 STÜCK

- 200 g Mehl
- 50 g gemahlene Mandeln
- 3 TL Backpulver
- 2 Eier
- 300 g Joghurt
- 250 g Zucker
- 75 ml Öl
- 4 EL Zitronensaft
- 4 EL Rosenwasser (aus dem türkischen Lebensmittelladen)
- Fett für die Form

Zubereitung: 30 Min.
Backzeit: 25 Min.
Pro Stück ca.: 220 kcal

1 | Backofen auf 180° (Umluft 160°) vorheizen. Blech fetten und kalt stellen. Mehl, Mandeln und Backpulver vermischen.

2 | Eier, Joghurt, 100 g Zucker und Öl verquirlen. Mehlmischung zügig unterrühren. Den Teig in die Vertiefungen füllen. Im Backofen (Mitte) 20–25 Min backen.

3 | In der Zwischenzeit restlichen Zucker mit 125 ml Wasser verrühren, aufkochen und abkühlen lassen. Mit Zitronensaft und Rosenwasser aromatisieren.

4 | Muffins im Blech 5 Min. ruhen lassen, dann auf einem Kuchengitter etwas abkühlen lassen. Noch warme Muffins in den Sirup tauchen oder mit dem Sirup beträufeln, bis er aufgebraucht ist.

➤ Dekotipp: 100 g Zucker mit 1 Hand voll getrockneter Rosenblätter zu Puderzucker vermahlen, mit 1 EL heißem Wasser zu einem Guss rühren und spiralenförmig auf die Muffins spritzen. In die Mitte jeweils ein kandiertes Rosenblatt setzen.

erfrischend | saftig

Limetten-Muffins

FÜR 12 STÜCK

- **5 Limetten**
  150 g Frischkäse
  120 g Zucker
  250 g Mehl
  2 TL Backpulver
  2 Eier | 200 g Joghurt
  100 g brauner Zucker
  75 ml Öl
  4 EL Puderzucker
  Fett für die Form

Zubereitung: 25 Min.
Backzeit: 25 Min.
- Pro Stück ca.: 250 kcal

1 | Backofen auf 180° (Umluft 160°) vorheizen. Von 2 Limetten die Schale abreiben, alle Limetten auspressen, es sollte 16 EL Saft ergeben. Blech fetten und kalt stellen. Frischkäse, 1 EL Zucker und 2 EL Limettensaft verrühren. Mehl und Backpulver vermischen.

2 | Eier, Joghurt, Zucker, Öl, Limettenschale und 6 EL Limettensaft verquirlen. Mehlmischung untermischen. Die Hälfte des Teigs auf die Vertiefungen des Blechs verteilen. Frischkäse auf den Teig geben, restlichen Teig darüber verteilen. Im Ofen (Mitte) 20–25 Min. backen.

3 | In der Zwischenzeit restlichen Limettensaft mit dem Puderzucker erhitzen und 10 Min. köcheln lassen. Fertige Muffins noch heiß im Blech mit dem Limettensirup tränken.

- Dekotipp: 12 dünne Limettenscheiben im Sirup mitkochen und auf die Muffins legen.

saftig | mit Alkohol

Orangen-Muffins

FÜR 12 STÜCK

- **250 g Mehl**
  50 g gemahlene Mandeln
  Schale von 2 unbehandelten Orangen
  2 TL Backpulver
  100 g Butter
  2 Eier | 250 ml Milch
  200 g Zucker
  250 ml Orangensaft
  4 EL Orangenlikör
  Fett für die Form

Zubereitung: 20 Min.
Backzeit: 25 Min.
- Pro Stück ca.: 280 kcal

1 | Backofen auf 180° (Umluft 160°) vorheizen. Das Muffinblech fetten und kalt stellen. Mehl, Mandeln, Orangenschale und Backpulver vermischen.

2 | Butter schmelzen und mit Eiern, Milch und 100 g Zucker verquirlen. Mehlmischung unterrühren. Teig in die Vertiefungen füllen. Im Backofen (Mitte) 20–25 Min. backen.

3 | In der Zwischenzeit Orangensaft mit restlichem Zucker erhitzen und auf die Hälfte einkochen. Vom Herd nehmen und den Orangenlikör einrühren. Fertige Muffins noch heiß im Blech mit dem Sirup tränken.

- Dekotipp: Die Muffins mit Orangenschalenstreifen bestreuen.

im Bild links: **Orangen-Muffins** *im Bild rechts:* **Limetten-Muffins**

frisch am besten

Knusperkaramell-Muffins

FÜR 12 STÜCK

- **200 g Mehl**
- **2 Päckchen Karamell-Puddingpulver zum Kochen**
- **2 TL Backpulver**
- **100 g Butter**
- **2 Eier**
- **300 ml Milch**
- **250 g Zucker**
- **Fett für die Form**

Zubereitung: 20 Min.
Backzeit: 25 Min.
Pro Stück ca.: 250 kcal

1 | Backofen auf 180° vorheizen (Umluft 160°). Muffinblech fetten und kalt stellen. Mehl, Puddingpulver und Backpulver vermischen.

2 | Die Butter schmelzen und mit Eiern, Milch und 150 g Zucker verquirlen. Mehlmischung unterrühren. Teig in die Vertiefungen füllen. Im Backofen (Mitte) 20–25 Min. backen. Muffins 5 Min. im Blech ruhen lassen, dann auf einem Kuchengitter vollständig auskühlen lassen.

3 | Restlichen Zucker bei starker Hitze in einer Pfanne schmelzen und unter leichtem Rühren goldbraun karamellisieren lassen. Muffins mit dem Karamell überziehen. (Vorsicht! Zucker schmilzt bei sehr hohen Temperaturen. Muffins erst probieren, wenn das Karamell vollständig erstarrt ist.)

TIPP

Mit etwas Geschick lassen sich aus dem noch flüssigen Karamell mit einer Gabel Fäden ziehen, und Sie können so die Muffins mit einem Karamellgespinst überziehen.

aus dem Vorrat

Zimt-Muffins

FÜR 12 STÜCK

- **125 g Mehl**
- **125 g gemahlene Haselnüsse**
- **4 TL Zimtpulver**
- **2 TL Backpulver**
- **2 Eier**
- **300 g Buttermilch**
- **100 g Zucker**
- **75 ml Öl**
- **200 g Puderzucker**
- **Fett für die Form**

Zubereitung: 20 Min.
Backzeit: 25 Min.
Pro Stück ca.: 250 kcal

1 | Backofen auf 180° (Umluft 160°) vorheizen. Muffinblech fetten und kalt stellen. Mehl, Haselnüsse, 2 TL Zimtpulver und Backpulver vermischen.

2 | Eier, Buttermilch, Zucker und Öl verquirlen, Mehlmischung unterrühren. Teig in die Vertiefungen füllen. Im Backofen (Mitte) 20–25 Min. backen.

3 | Muffins 5 Min. im Blech ruhen lassen, zum Auskühlen auf ein Kuchengitter setzen. Puderzucker mit restlichem Zimtpulver mischen und mit 2–3 EL heißem Wasser zu einem Guss rühren. Muffins mit dem Guss bestreichen und trocknen lassen.

im Bild vorne: Knusperkaramell-Muffins *im Bild hinten:* Zimt-Muffins ➤

Mehr Frucht

Saftig frische Muffins für jede Jahreszeit: Aprikosen und Himbeeren, Birnen und Äpfel, Kirschen und Nektarinen verwandeln sie in kleine feine Törtchen. Gerade recht für die Kaffeetafel.

Blitzrezepte

Aprikosen-Muffins

FÜR 12 STÜCK

➤ **6 Aprikosen | 120 g Butter
250 g Mehl | 2 1/2 TL Backpulver
2 Eier | 100 g Zucker | 1 Vanillezucker
300 g Buttermilch | 2 TL Puderzucker
Fett für die Form**

1 | Aprikosen halbieren, Kerne entfernen, Früchte in Spalten schneiden. Butter schmelzen. Ofen auf 180° (Umluft 160°) vorheizen. Blech fetten, kalt stellen.

2 | Mehl und Backpulver mischen. Eier, Zucker, Vanillezucker, Buttermilch und Butter verquirlen. Mehlmischung zügig unterrühren. Teig in die Vertiefungen füllen, Aprikosen darauf verteilen und mit Puderzucker bestreuen. Im Ofen (Mitte) 20–25 Min. backen.

Himbeer-Schoko-Muffins

FÜR 12 STÜCK

➤ **2 Eier | 250 g Joghurt | 100 g Zucker
75 ml Öl | 100 g Zartbitterschokolade
250 g Mehl | 2 TL Backpulver
200 g TK-Himbeeren (nicht auftauen!)
Fett für die Form**

1 | Backofen auf 180° vorheizen (Umluft 160°). Muffinblech fetten, kalt stellen. Eier, Joghurt, Zucker und Öl verquirlen.

2 | Schokolade klein hacken, mit Mehl und Backpulver mischen. Himbeeren unterheben. Mehlmischung zügig unter die Eiermischung rühren. Teig in die Vertiefungen füllen. Im Backofen (Mitte) 20–25 Min. backen. Nach Belieben mit Puderzucker bestäuben.

saftig | für Kinder

Birnen-Cashew-Muffins

FÜR 12 STÜCK

- **300 g Birnen**
  2 EL Zitronensaft
  100 g Cashewkerne
  250 g Mehl
  2 1/2 TL Backpulver
  2 Eier
  100 g Zucker
  80 ml Öl
  300 g Buttermilch
  Fett für die Form

Zubereitung: 15 Min.
Backzeit: 20–25 Min.
Pro Stück ca.: 210 kcal

1 | Birnen waschen, vierteln, schälen, Kerngehäuse entfernen. Birnenviertel würfeln. Mit Zitronensaft mischen. Cashewkerne hacken.

2 | Backofen auf 180° (Umluft 160°) vorheizen. Muffinblech fetten und kalt stellen. Mehl, Cashewkerne und Backpulver mischen.

3 | Eier, Zucker, Öl und Buttermilch verquirlen. Mehlmischung zügig unterrühren. Birnenstücke unterheben. Teig in die Vertiefungen füllen. Im Backofen (Mitte) 20–25 Min. backen.

➤ Dazu passt: Mokka-Sahne (Rezept Seite 9)

zart-fruchtig

Kokos-Cranberry-Muffins

FÜR 12 STÜCK

- **100 g weiße Schokolade**
  300 ml Milch
  150 g getrocknete Cranberries
  200 g Mehl
  50 g Kokosraspel
  2 TL Backpulver
  2 Eier
  100 g Zucker
  80 ml Öl
  Fett für die Form

Zubereitung: 20 Min.
Backzeit: 20 Min.
Pro Stück ca.: 230 kcal

1 | Schokolade in Stücke brechen. Milch leicht erhitzen, Schokolade darin auflösen. Schokoladenmilch abkühlen lassen. 50 g Cranberries hacken. Backofen auf 180° (Umluft 160°) vorheizen. Muffinblech fetten und kalt stellen.

2 | Mehl, Kokosraspel, 100 g Cranberries und Backpulver in einer Schüssel mischen. Eier mit Zucker und Öl verquirlen, mit der Schokoladenmilch zügig unter die Mehlmischung rühren.

3 | Teig in die Vertiefungen füllen, gehackte Cranberries darüber streuen. Im Backofen (Mitte) 20 Min. backen. Im Blech 5 Min. ruhen lassen, herausnehmen und abkühlen lassen.

➤ Dekotipp

Preiselbeersahne

4 EL Preiselbeerkompott aus dem Glas mit 200 g steif geschlagener Sahne mischen und die Muffins damit krönen.

➤ Variante:

Statt der Cranberries eignen sich auch getrocknete, klein gewürfelte Aprikosen oder frische oder tiefgekühlte Heidelbeeren oder Himbeeren.

im Bild vorne: **Kokos-Cranberry-Muffins** *im Bild hinten:* **Birnen-Cashew-Muffins** ➤

gelingt leicht | saftig

Nektarinen-Muffins

FÜR 12 STÜCK

- 250 g Nektarinen
- 100 g Pistazien
- 125 g Frischkäse
- 3 EL Zitronensaft
- 250 g Mehl
- 2 1/2 TL Backpulver
- 2 Eier
- 100 g Zucker
- 80 ml Öl
- 250 g Buttermilch
- 2 EL Puderzucker
- Fett für die Form

Zubereitung: 25 Min.
Backzeit: 20–25 Min.
Pro Stück ca.: 250 kcal

1 | Nektarinen waschen, entkernen, würfeln. Pistazien im Blitzhacker oder mit einem großen Messer grob hacken. Frischkäse mit 1 EL Zitronensaft verrühren.

2 | Backofen auf 180° (Umluft 160°) vorheizen. Muffinblech fetten und kalt stellen. Mehl, Backpulver und Pistazien (bis auf 1 EL) mischen. Eier mit Zucker, Öl und Buttermilch verquirlen. Die Mehlmischung und die Aprikosen zügig unterrühren.

3 | Die Hälfte des Teigs in die Vertiefungen der Form füllen, je 1 TL Frischkäse darauf setzen, mit dem restlichen Teig bedecken. Im Backofen (Mitte) 20–25 Min. backen. Im Blech 5 Min. ruhen lassen, herausnehmen, etwas abkühlen lassen.

4 | Den Puderzucker mit 2 EL Zitronensaft und restlichen Pistazien glatt rühren. Die Muffins damit bestreichen.

saftig

Apfel-Quark-Muffins

FÜR 12 STÜCK

- 1 unbehandelte Zitrone
- 1 säuerlicher Apfel (z.B. Boskop, ca. 200 g)
- 100 g Butter
- 250 g Mehl
- 2 1/2 TL Backpulver
- 100 g Rosinen
- 250 g Quark
- 150 g Milch
- 100 g Zucker
- 2 Eier
- 2 EL Puderzucker
- Fett für die Form

Zubereitung: 30 Min.
Backzeit: 20–25 Min.
Pro Stück ca.: 250 kcal

1 | Zitrone waschen, Schale mit dem Zestenreißer abziehen, Saft auspressen. Apfel waschen, vierteln und würfeln, dabei das Kerngehäuse entfernen. Apfel mit Zitronensaft und -schale mischen. Butter schmelzen. Muffinblech fetten, kalt stellen.

2 | Backofen auf 180° (Umluft 160°) vorheizen. Mehl, Backpulver und Rosinen mischen. Quark mit Milch, Zucker, Eiern und Butter verquirlen. Die Mehlmischung zügig unterrühren. Apfel unterheben.

3 | Teig in die Vertiefungen füllen. Im Backofen (Mitte) 20–25 Min. backen. Im Blech 5 Min. ruhen lassen, herausnehmen und abkühlen lassen. Mit Puderzucker bestreuen.

im Bild links: **Nektarinen-Muffins** *im Bild rechts:* **Apfel-Quark-Muffins** ➤

fruchtig-herb

Apfel-Bananen-Muffins

FÜR 12 STÜCK

- **250 g Mehl**
- **2 TL Backpulver**
- **1 großer Apfel (etwa 250 g)**
- **225 g Orangenmarmelade**
- **1 Banane**
- **2 Eier**
- **200 g Joghurt**
- **100 g Zucker**
- **75 ml Öl**
- **Fett für die Form**
- **Hagelzucker nach Belieben**

Zubereitung: 25 Min.
Backzeit: 20–25 Min.
Pro Stück ca.: 220 kcal

1 | Backofen auf 180° (Umluft 160°) vorheizen. Muffinblech fetten und kalt stellen. Mehl und Backpulver mischen.

2 | Apfel halbieren, schälen, entkernen, klein würfeln und mit der Orangenmarmelade verrühren. Banane schälen, fein zerdrücken und mit Eiern, Joghurt, Zucker und Öl verquirlen. Mehlmischung unterrühren.

3 | Je 1 EL Teig in jede Vertiefung geben, mittig die Apfelfüllung auf den Teig geben. Restlichen Teig darüber verteilen.

4 | Muffins nach Belieben mit Hagelzucker bestreuen. Im Backofen (Mitte) 20–25 Min. backen. 5 Min. im Blech ruhen lassen, auf einem Kuchengitter auskühlen lassen.

erfrischend

Mandarinen-Joghurt-Muffins

FÜR 12 STÜCK

- **350 g Mandarinen (aus der Dose)**
- **150 g Joghurtschokolade**
- **250 g Mehl**
- **2 TL Backpulver**
- **2 Eier**
- **300 g Buttermilch**
- **100 g Zucker**
- **75 ml Öl**
- **Fett für die Form**

Zubereitung: 20 Min.
Backzeit: 20–25 Min.
Pro Stück ca.: 240 kcal

1 | Mandarinen in einem Sieb abtropfen lassen. 24 Mandarinenspalten zum Verzieren beiseite legen. Backofen auf 180° (Umluft 160°) vorheizen. Muffinblech fetten und kalt stellen. Schokolade klein hacken. Mehl und Backpulver mischen, Schokolade und Mandarinen unterheben.

2 | Eier, Buttermilch, Zucker und Öl verquirlen und die Mehlmischung unterrühren.

3 | Teig in die Vertiefungen füllen, je 2 Mandarinenspalten auf jeden Muffin legen. Muffins im Backofen (Mitte) 20–25 Min. backen. 5 Min. im Blech ruhen lassen, auf einem Kuchengitter auskühlen lassen.

Dekotipp: Entweder einige Mandarinenstücke zurückbehalten und vor dem Backen auf die Muffins legen oder 100 g weiße Kuvertüre schmelzen und als Streifen auf die gebackenen Muffins spritzen.

im Bild vorne: **Apfel-Bananen-Muffins** *im Bild hinten:* **Mandarinen-Joghurt-Muffins**

gelingt leicht

Kirsch-Sesam-Muffins

FÜR 12 STÜCK

- 250 g Kirschen (aus dem Glas)
- 100 g Sesamsamen
- 150 g Zucker
- 250 g Mehl
- 2 TL Backpulver
- 2 Eier | 200 g Joghurt
- 75 ml Öl
- Fett für die Form

Zubereitung: 25 Min.
Backzeit: 20–25 Min.
Pro Stück ca.: 240 kcal

1 | Kirschen in einem Sieb abtropfen lassen. Sesamsamen ohne Fett in einer beschichteten Pfanne bei mittlerer Hitze goldgelb rösten, abkühlen lassen.

2 | Backofen auf 180° (Umluft 160°) vorheizen. Muffinblech fetten. Jede Vertiefung mit 1 TL Sesamsamen und 1/2 TL Zucker ausstreuen. Form kalt stellen.

3 | Mehl, übrige Sesamsamen und Backpulver mischen, Kirschen unterheben. Eier, Joghurt, restlichen Zucker und Öl verquirlen. Mehlmischung unterrühren.

4 | Teig in die Vertiefungen füllen. Im Backofen (Mitte) 20–25 Min. backen. 5 Min. im Blech ruhen lassen und auf einem Kuchengitter auskühlen lassen.

zart | saftig

Himbeer-Mandelbaiser-Muffins

FÜR 12 STÜCK

- 100 g Butter
- 2 Eier
- 175 ml Milch
- 100 g Zucker
- 200 g Mehl
- 2 TL Backpulver
- 200 g TK-Himbeeren (nicht auftauen!)
- 1 Eiweiß
- 100 g Puderzucker
- 50 g gemahlene Mandeln
- 12 Papierförmchen

Zubereitung: 25 Min.
Backzeit: 25 Min.
Pro Stück ca.: 240 kcal

1 | Backofen auf 180° (Umluft 160°) vorheizen. Papierförmchen in die Vertiefungen des Muffinblechs setzen. Die Butter schmelzen und mit den Eiern, Milch und Zucker verquirlen.

2 | Mehl und Backpulver mischen und unter die Eiermischung rühren. Himbeeren unterheben. Teig in die Vertiefungen füllen Im Backofen (Mitte) 15 Min. backen.

3 | In der Zwischenzeit das Eiweiß sehr steif schlagen. Nach und nach den Puderzucker unterschlagen und zum Schluss die Mandeln unterheben.

4 | Baisermasse auf die Muffins verteilen und noch weitere 10 Min. backen. Muffins 5 Min. im Blech ruhen lassen und auf einem Kuchengitter auskühlen lassen.

im Bild links: **Kirsch-Sesam-Muffins** *im Bild rechts:* **Himbeer-Mandelbaiser-Muffins** ➤

mit Biss

Walnuss-Pflaumen-Muffins

FÜR 12 STÜCK

- **150 g Walnusskerne**
- **200 g softe Trockenpflaumen**
- **250 g Mehl**
- **2 TL Backpulver**
- **1 TL Zimtpulver**
- **2 Eier | 250 g Joghurt**
- **100 g Zucker**
- **75 ml Öl | Fett für die Form**

Zubereitung: 20 Min.
Backzeit: 20–25 Min.
Pro Stück ca.: 250 kcal

1 | Backofen auf 180° (Umluft 160°) vorheizen. Muffinblech fetten und kalt stellen. 12 Walnusshälften zum Verzieren zur Seite legen, restliche Walnusskerne grob hacken. Pflaumen klein schneiden.

2 | Mehl, Back- und Zimtpulver mischen, Walnüsse und Pflaumen unterheben.

3 | Eier, Joghurt, Zucker und Öl verquirlen. Mehlmischung unterrühren. Teig in die Vertiefungen füllen. Auf jeden Muffin 1 Walnusshälfte legen. Im Backofen (Mitte) 20–25 Min. backen. 5 Min. im Blech ruhen lassen und auf einem Kuchengitter auskühlen lassen.

gelingt leicht | saftig

Marzipan-Frucht-Muffins

FÜR 12 STÜCK

- **1 unbehandelte Orange**
- **100 g getrocknete Aprikosen**
- **100 g Marzipanrohmasse**
- **100 ml Orangensaft**
- **50 g gehackte Mandeln**
- **250 g Mehl**
- **2 1/2 TL Backpulver**
- **2 Eier | 100 g Zucker**
- **300 g Buttermilch**
- **80 ml Öl | Fett für die Form**

Zubereitung: 25 Min.
Backzeit: 20 Min.
Pro Stück ca.: 240 kcal

1 | Orangenschale mit dem Zestenreißer abziehen, Saft auspressen. Aprikosen und Marzipan würfeln, mit Orangensaft pürieren. Mandeln unterrühren.

2 | Das Muffinblech fetten und kalt stellen. Den Backofen auf 180° (Umluft 160°) vorheizen.

3 | Mehl und Backpulver mischen. Die Eier mit Zucker, Orangenschale, Buttermilch und Öl verquirlen. Die Mehlmischung zügig unterrühren.

4 | Die Hälfte des Teigs in die Vertiefungen füllen, je 1 EL Marzipanmasse darauf setzen, mit dem restlichen Teig bedecken. Im Backofen (Mitte) 20 Min. backen. 5 Min. im Blech ruhen lassen, herausnehmen und auf einem Kuchengitter auskühlen lassen.

➤ Variante: Blätterteig-Röllchen

Blätterteigplatte aus dem Kühlregal mit der Aprikosenfüllung bestreichen, aufrollen und in 12 gleich große Stücke schneiden. Im Muffinblech oder in Papierbackförmchen auf dem Blech in 10–15 Min. knusprig backen.

im Bild vorne: **Walnuss-Pflaumen-Muffins** *im Bild hinten:* **Marzipan-Frucht-Muffins** ➤

Mehr Schokolade

Schokolade allein macht schon glücklich, aber in Muffins ist sie der Traum eines jeden Schokoholics. Unsere Schokomuffins kommen mal fruchtig, mal nussig und immer mit viel Aroma daher. Der eine oder andere überrascht mit einem kleinen Schwips oder mit feiner Chilinote.

Blitzrezepte

Schoko-Chili-Muffins

FÜR 12 STÜCK

➤ 120 g Butter | 100 g bittere Schokolade (60% Kakaoanteil) | 150 g Mehl 100 g Mandeln | 2 TL Kakaopulver 1 1/2 TL Chilipulver | 2 TL Backpulver 2 Eier | 100 g Zucker | 300 g Buttermilch | Fett für die Form

1 | Butter mit der Schokolade schmelzen lassen. Ofen auf 180° (Umluft 160°) vorheizen. Blech fetten und kalt stellen.

2 | Mehl, Mandeln, Kakao, Chili und Backpulver mischen. Eier, Zucker, Buttermilch und Schokobutter verquirlen, Mehlmischung unterrühren. Teig in die Vertiefungen füllen. Im Ofen (Mitte) 20 Min. backen. 5 Min. ruhen lassen, herausnehmen. Mit Schlagsahne und etwas Chili servieren.

Schoko-Nuss-Muffins

FÜR 12 STÜCK

➤ 200 g Mehl | 50 g gemahlene Mandeln 2 TL Backpulver | 150 g Haselnusskerne 200 g Halbbitterkuvertüre | 2 Eier 300 g Buttermilch | 150 g Zucker 75 ml Öl | Fett für die Form

1 | Backofen auf 180° (Umluft 160°) vorheizen. Muffinblech fetten und kalt stellen. Mehl, Mandeln, Backpulver und Haselnüsse mischen.

2 | Kuvertüre schmelzen, mit Eiern, Buttermilch, Zucker und Öl verquirlen. Die Mehlmischung unterrühren. Teig ins Blech füllen. Im Ofen (Mitte) 20–25 Min. backen. 5 Min. im Blech ruhen lassen, auskühlen lassen. Nach Belieben mit 100 g geschmolzener Kuvertüre überziehen.

schokoladig-fruchtig

Schoko-Orangen-Muffins

FÜR 12 STÜCK

- 1 unbehandelte Orange
- 150 g Mehl
- 2 TL Backpulver
- 50 g Schokotröpfchen
- 100 g gemahlene Haselnüsse
- 3 EL Kakaopulver
- 1/2 TL Piment
- 2 Eier | 100 g Zucker
- 300 g Buttermilch
- 80 ml Öl
- 2 EL Orangenmarmelade
- 100 g dunkle Kuvertüre
- Fett für die Form

Zubereitung: 30 Min.
Backzeit: 20 Min.
Pro Stück ca.: 270 kcal

1 | Orangenschale mit dem Zestenreißer abziehen. Muffinblech fetten und kalt stellen. Backofen auf 180° (Umluft 160°) vorheizen.

2 | Mehl, Backpulver, Schokotröpfchen, Haselnüsse, Kakaopulver, Piment und Orangenschale mischen. Die Eier mit Zucker, Buttermilch und Öl verquirlen. Die Mehlmischung zügig unterrühren.

3 | Den Teig in die Vertiefungen füllen. Im Ofen (Mitte) 20 Min. backen. 5 Min. im Blech ruhen lassen. Marmelade erhitzen, Muffins damit bestreichen. Muffins herausnehmen, auf einem Kuchengitter auskühlen lassen. Die Kuvertüre schmelzen und die Muffins damit überziehen.

fruchtig | macht was her

Pflaumen-Schoko-Muffins

FÜR 12 STÜCK

- 6 rote Pflaumen
- 80 g + 1 EL Zucker
- 200 g Mehl
- 2 TL Backpulver
- 2 Tassenportionen Instant-Cappuccino
- 2 EL Kakaopulver
- 2 Eier
- 80 ml Öl
- 250 g Joghurt
- 2 EL Hagelzucker
- Fett für die Form

Zubereitung: 45 Min.
Backzeit: 20–25 Min.
Pro Stück ca.: 190 kcal

1 | Pflaumen waschen, halbieren, Kerne entfernen. In 150 ml Wasser mit 1 EL Zucker 5 Min. dünsten. Abkühlen lassen. Backofen auf 180° (Umluft 160°) vorheizen. Muffinblech fetten, kalt stellen.

2 | Mehl, Backpulver, Cappuccinopulver und Kakao mischen. Eier, restlichen Zucker, Öl und Joghurt verrühren, Mehlmischung zügig unterrühren.

3 | Teig in die Vertiefungen füllen. Je 1 Pflaumenhälfte mit der runden Seite nach oben darauf setzen und leicht hineindrücken. Mit Hagelzucker bestreuen. Im Backofen (Mitte) 20–25 Min. backen. In der Form auskühlen lassen.

im Bild vorne: Schoko-Orangen-Muffins *im Bild hinten:* Pflaumen-Schoko-Muffins

schmeckt Kindern

Schwarz-Weiß-Muffins

FÜR 12 STÜCK

➤ 75 g weiße Schokolade
100 g Sahne
1 unbehandelte Orange
1 EL Kakaopulver
150 g Mehl
100 g gemahlene Mandeln
2 1/2 TL Backpulver
2 Eier
80 g Zucker
80 ml Öl
200 g Joghurt
Fett für die Form

Zubereitung: 30 Min.
Backzeit: 25 Min.
➤ Pro Stück ca.: 230 kcal

1 | Schokolade in 50 g Sahne bei niedriger Hitze schmelzen. Schale von 1/2 Orange abreiben. Kakao mit der restlichen Sahne anrühren.

2 | Backofen auf 180° (Umluft 160°) vorheizen. Muffinblech fetten und kalt stellen. Mehl, Mandeln und Backpulver mischen. Eier mit Zucker, Öl und Joghurt verquirlen, Mehlmischung zügig unterrühren.

3 | Den Teig in zwei Teile teilen. Eine Hälfte mit der weißen Schokosahne, die andere mit der Kakaosahne mischen. Mit beiden Händen immer gleichzeitig je 1 gehäuften EL hellen und dunklen Teig nebeneinander in die Vertiefungen füllen.

4 | Im Backofen (Mitte) 20–25 Min. backen. In der Form 5 Min. ruhen lassen, herausnehmen und abkühlen lassen.

mit Alkohol | für Gäste

Portwein-Kirsch-Muffins

FÜR 12 STÜCK

➤ 250 g Sauerkirschen (aus dem Glas)
150 ml + 2 EL Portwein
120 g Butter
250 g Mehl
3 EL Kakaopulver
2 1/2 TL Backpulver
2 Eier
100 g Zucker
150 g Joghurt
2 EL Johannisbeergelee
100 g zartbittere Kuvertüre
Fett für die Form

Zubereitung: 20 Min.
Backzeit: 20 Min.
➤ Pro Stück ca.: 290 kcal

1 | Sauerkirschen abtropfen lassen, mit 150 ml Portwein mischen. Butter schmelzen. Backofen auf 180° (Umluft 160°) vorheizen. Muffinblech fetten, kalt stellen.

2 | Mehl, Kakao- und Backpulver mischen. Eier, Zucker, Joghurt und Butter verquirlen, zügig mit der Mehlmischung und den Portweinkirschen verrühren. Im Backofen (Mitte) 20 Min. backen. In der Form 5 Min. ruhen lassen.

3 | Johannisbeergelee mit 2 EL Portwein erwärmen, die Muffins damit bestreichen. Muffins aus der Form nehmen und auskühlen lassen. Kuvertüre schmelzen und die Muffins damit gitterförmig überziehen.

im Bild vorne: Schwarz-Weiß-Muffins *im Bild hinten:* Portwein-Kirsch-Muffins ➤

raffiniert | für Gäste

Minz-Schoko-Muffins

FÜR 12 STÜCK

- **100 g Butter**
- **150 g Mehl**
- **100 g gemahlene Mandeln**
- **2 1/2 TL Backpulver**
- **3 EL Kakaopulver**
- **2 Eier | 100 g Zucker**
- **250 g Buttermilch**
- **150 g Schoko-Minz-Täfelchen (z. B. After Eight)**
- **75 g zartbittere Kuvertüre**
- **Fett für die Form**

Zubereitung: 20 Min.
Backzeit: 20 Min.
Pro Stück ca.: 300 kcal

1 | Butter schmelzen. Backofen auf 180° (Umluft 160°) vorheizen. Muffinblech fetten und kalt stellen.

2 | Mehl, Mandeln, Backpulver und Kakao mischen. Die Eier mit Zucker, Buttermilch und der Butter verquirlen. Die Mehlmischung zügig unterrühren.

3 | Die Hälfte des Teigs in die Vertiefungen füllen. Je 1 Minz-Täfelchen darauf legen, mit dem restlichen Teig auffüllen. Im Backofen (Mitte) 20 Min. backen. 5 Min. im Blech ruhen lassen, herausnehmen und auskühlen lassen.

4 | Kuvertüre mit den restlichen Minz-Täfelchen schmelzen, die Muffins damit überziehen.

gelingt leicht | saftig

Dattel-Schoko-Muffins

FÜR 12 STÜCK

- **150 g Zartbitterschokolade**
- **120 g Butter**
- **150 g getrocknete Datteln**
- **150 g Mehl**
- **100 g gemahlene Haselnüsse**
- **2 1/2 TL Backpulver**
- **2 Eier**
- **100 g + 2 EL Zucker**
- **300 g Joghurt**
- **50 g gehackte Haselnüsse**
- **Fett für die Form**

Zubereitung: 20 Min.
Backzeit: 20 Min.
Pro Stück ca.: 370 kcal

1 | Schokolade mit der Butter schmelzen. Datteln entkernen und klein schneiden. Backofen auf 180° (Umluft 160°) vorheizen. Muffinblech fetten, kalt stellen.

2 | Mehl, gemahlene Haselnüsse und Backpulver mischen. Die Eier mit 100 g Zucker und Joghurt verquirlen und zügig mit der Mehlmischung, der abgekühlten Schokoladenbutter und den Datteln verrühren. In die Vertiefungen der Form füllen.

3 | Gehackte Haselnüsse mit 2 EL Zucker mischen und auf den Teig streuen. Im Backofen (Mitte) 20 Min. backen. Im Blech 5 Min. ruhen lassen, herausnehmen, abkühlen lassen.

Dazu passt:

Mangosauce

1 Mango schälen, Fruchtfleisch vom Kern schneiden. Mit 2 EL Mango-Chutney (aus dem Glas) oder mit heller Konfitüre und etwas Zitronensaft pürieren.

im Bild links: **Minz-Schoko-Muffins** *im Bild rechts:* **Dattel-Schoko-Muffins**

gehaltvoll | würzig

Schoko-Birnen-Muffins

FÜR 12 STÜCK

- 1 große Birne (etwa 250 g)
- 50 g eingelegter Ingwer in Sirup
- 100 g Walnusskerne
- 250 g Mehl
- 3 EL Kakaopulver
- 2 1/2 TL Backpulver
- 2 Eier
- 100 g Zucker
- 100 ml Öl
- 300 g Buttermilch
- 100 g Kuvertüre
- Fett für die Form

Zubereitung: 30 Min.
Backzeit: 20 Min.
Pro Stück ca.: 290 kcal

1 | Die Birne vierteln, schälen und würfeln, mit 1 EL Ingwersirup mischen. Ingwer fein würfeln. 12 Walnusshälften beiseite legen, den Rest hacken. Muffinblech fetten und kalt stellen. Backofen auf 180° (Umluft 160°) vorheizen.

2 | Mehl, Kakao, gehackte Walnüsse und Backpulver mischen. Eier, Zucker, Öl und Buttermilch verquirlen, zügig mit der Mehlmischung, Birnen und Ingwer verrühren.

3 | Teig in die Vertiefungen füllen. Im Backofen (Mitte) 20 Min. backen. 5 Min. im Blech ruhen lassen, herausnehmen und abkühlen lassen.

4 | Kuvertüre schmelzen, die Muffins damit in Spiralen beträufeln und je 1 Walnusshälfte darauf setzen.

für den Kindergeburtstag

Marmor-Muffins

FÜR 12 STÜCK

- 100 g Zartbitterschokolade
- 125 g Nussnougat
- 250 g Mehl
- 2 TL Backpulver
- 2 Eier
- 200 g Joghurt
- 100 g Zucker
- 1 Päckchen Vanillezucker
- 75 ml Öl
- Fett für die Form

Zubereitung: 15 Min.
Backzeit: 20–25 Min.
Pro Stück ca.: 250 kcal

1 | Backofen auf 180° (Umluft 160°) vorheizen. Muffinblech fetten und kalt stellen.

2 | Schokolade in Stücke brechen und schmelzen. Nougat klein schneiden, zur Schokolade geben und unter Rühren schmelzen.

3 | Mehl und Backpulver mischen. Eier, Joghurt, Zucker, Vanillezucker und Öl verquirlen. Mehlmischung unterrühren.

4 | Teig in die Vertiefungen füllen. Schokoladen-Nougat-Mischung auf dem Teig verteilen und mit einer Gabel spiralenförmig wie bei einem Mamorkuchen unter den Teig ziehen. Im Backofen (Mitte) 20–25 Min. backen. 5 Min. im Blech ruhen lassen und auf einem Kuchengitter auskühlen lassen.

im Bild vorne: **Marmor-Muffins** *im Bild hinten:* **Schoko-Birnen-Muffins**

herb-süß

Mohn-Nougat-Muffins

FÜR 12 STÜCK

- **250 g Mehl**
- **2 TL Backpulver**
- **100 g gehackte Mandeln**
- **2 Eier**
- **250 g Joghurt**
- **100 g Zucker**
- **75 ml Öl**
- **125 g Mohnmischung (Fertigprodukt zum Backen)**
- **125 g Nussnougatcreme**
- **Fett für die Form**

Zubereitung: 20 Min.
Backzeit: 20–25 Min.
Pro Stück ca.: 290 kcal

1 | Backofen auf 180° (Umluft 160°) vorheizen. Muffinblech fetten und kalt stellen. Mehl, Backpulver und Mandeln mischen.

2 | Eier, Joghurt, Zucker und Öl verquirlen. Mehlmischung unterrühren. Je 1 EL Teig in jede Blechvertiefung geben. Auf den Teig nebeneinander je 1 TL Mohnmischung und Nussnougatcreme setzen. Restlichen Teig auf die Vertiefungen verteilen und so verstreichen, dass er die Füllung einschließt. Nach Belieben mit gehackten Mandeln bestreuen.

3 | Im Backofen (Mitte) 20–25 Min. backen. 5 Min. im Blech ruhen lassen und auf einem Kuchengitter auskühlen lassen.

mit Biss

Macadamia-Schoko-Muffins

FÜR 12 STÜCK

- **150 g Macadamianusskerne**
- **150 g weiche Karamellbonbons**
- **200 g Mehl**
- **50 g gemahlene Mandeln**
- **2 TL Backpulver**
- **3 EL Kakaopulver**
- **2 Eier**
- **250 g Joghurt**
- **100 g Zucker**
- **75 ml Öl**
- **Fett für die Form**

Zubereitung: 25 Min.
Backzeit: 20–25 Min.
Pro Stück ca.: 310 kcal

1 | Backofen auf 180° (Umluft 160°) vorheizen. Muffinblech fetten und kalt stellen. Macadamianüsse und Karamellbonbons grob hacken. Mehl, Mandeln, Back- und Kakaopulver mischen, Nüsse und Bonbons unterrühren.

2 | Eier, Joghurt, Zucker und Öl verquirlen. Mehlmischung unterrühren. Teig in das Muffinblech füllen. Im Backofen (Mitte) 20–25 Min. backen. 5 Min. im Blech ruhen lassen und auf einem Kuchengitter auskühlen lassen.

TIPP

Macadamianüsse sind eine der fettreichsten Nusssorten überhaupt, haben dafür aber auch einen unvergleichlichen Biss. Im Lebensmittelhandel gibt es Macadamianüsse meistens nur gesalzen. Besser fündig wird man an Nusstheken der Süßwarenabteilung in Kaufhäusern, die sowohl gesalzene als auch ungesalzene Macadamianusskerne anbieten.

im Bild vorne: **Mohn-Nougat-Muffins** *im Bild hinten:* **Macadamia-Schoko-Muffins**

gelingt leicht

Schoko-Rum-Muffins

FÜR 12 STÜCK

- 75 g Kokosraspel
  12 EL Rum
  150 g Mehl
  3 TL Backpulver
  2 EL Kakaopulver
  100 g Butter
  250 ml Milch
  2 Eier | 150 g Zucker
  100 g Vollmilchkuvertüre
  Fett für die Form

Zubereitung: 20 Min.
Backzeit: 20–25 Min.
Pro Stück ca.: 300 kcal

1 | Backofen auf 180° (Umluft 160°) vorheizen. Muffinblech fetten und kalt stellen. Kokosraspel mit 10 EL Rum mischen. Mehl, Back- und Kakaopulver mischen.

2 | Butter in der Milch bei mittlerer Hitze schmelzen. Eier mit Zucker und lauwarmer Milch-Butter-Mischung verquirlen. Zuerst Kokosraspel, dann die Mehlmischung unterrühren.

3 | Teig in die Vertiefungen füllen. Im Backofen (Mitte) 20–25 Min. backen. 5 Min. im Blech ruhen lassen und auf einem Kuchengitter auskühlen lassen. Kuvertüre schmelzen, mit restlichem Rum verrühren und Muffins damit bestreichen.

Klassiker mal anders

Weiße Blaubeer-Muffins

FÜR 12 STÜCK

- 150 g weiße Schokolade
  200 ml Milch
  250 g Mehl
  2 TL Backpulver
  2 Eier
  75 g Zucker
  1 Päckchen Vanillezucker
  75 ml Öl
  250 g TK-Blaubeeren (nicht auftauen!)
  100 g weiße Kuvertüre nach Belieben
  Fett für die Form

Zubereitung: 20 Min.
Backzeit: 20–25 Min.
Pro Stück ca.: 230 kcal

1 | Backofen auf 180° (Umluft 160°) vorheizen. Muffinblech fetten und kalt stellen. Schokolade in kleine Stücke brechen und in der Milch bei mittlerer Hitze schmelzen. Mehl und Backpulver mischen.

2 | Eier, Zucker, Vanillezucker, Öl und lauwarme Milchmischung verquirlen. Mehlmischung unterrühren. Blaubeeren unterheben.

3 | Teig in die Vertiefungen füllen. Im Backofen (Mitte) 20–25 Min. backen. 5 Min. im Blech ruhen lassen und auf einem Kuchengitter auskühlen lassen. Nach Belieben mit weißen Kuvertürestreifen verzieren.

TIPP

Diese Muffins schmecken auch prima, wenn man die Blaubeeren gegen Himbeeren, Brombeeren, Johannisbeeren oder Erdbeeren tauscht. Da Beeren sehr zarte Früchte sind, am besten immer zum Schluss vorsichtig unterheben, damit sie nicht zerfallen und den Teig unschön verfärben.

im Bild vorne: **Weiße Blaubeer-Muffins** *im Bild hinten:* **Schoko-Rum-Muffins**

herb-fruchtig

Preiselbeer-Schoko-Muffins

FÜR 12 STÜCK

- **100 g Zartbitterschokolade**
- **250 g Mehl**
- **2 TL Backpulver**
- **2 EL Kakaopulver**
- **2 Eier | 250 g Joghurt**
- **100 g Zucker**
- **75 ml Öl**
- **100 g Preiselbeeren (aus dem Glas)**
- **Fett für die Form**

Zubereitung: 20 Min.
Backzeit: 20–25 Min.
Pro Stück ca.: 220 kcal

1 | Backofen auf 180° (Umluft 160°) vorheizen. Muffinblech fetten und kalt stellen. Schokolade klein hacken, mit Mehl, Backpulver und Kakaopulver mischen.

2 | Eier, Joghurt, Zucker und Öl verquirlen. Mehlmischung unterrühren, Teig in die Vertiefungen füllen. In die Mitte des Teigs mit einem feuchten Teelöffel eine Vertiefung drücken und 1 TL Preiselbeeren hineingeben.

3 | Im Backofen (Mitte) 20–25 Min. backen. 5 Min. im Blech ruhen lassen, auf einem Kuchengitter auskühlen lassen.

saftig-fruchtig

Mango-Schoko-Muffins

FÜR 12 STÜCK

- **250 g Mangofruchtfleisch**
- **250 g Mehl**
- **2 TL Backpulver**
- **2 EL Kakaopulver**
- **2 Eier**
- **250 g Joghurt**
- **100 g Zucker**
- **75 ml Öl**
- **125 g Nussnougatcreme**
- **Fett für die Form**

Zubereitung: 25 Min.
Backzeit: 20–25 Min.
Pro Stück ca.: 230 kcal

1 | Backofen auf 180° (Umluft 160°) vorheizen. Muffinblech fetten und kalt stellen. Mangofruchtfleisch würfeln. Mehl, Backpulver und Kakaopulver mischen, Fruchtfleisch unterheben.

2 | Eier, Joghurt, Zucker und Öl verquirlen. Mehlmischung unterrühren. Teig in die Vertiefungen füllen. In die Mitte des Teigs mit einem feuchten Teelöffel eine Vertiefung drücken und je 1 TL Nussnougatcreme hineingeben.

3 | Im Backofen (Mitte) 20–25 Min. backen. 5 Min. im Blech ruhen lassen, auf einem Kuchengitter auskühlen lassen.

TIPP

Das Fruchtfleisch einer Mango löst man am besten folgendermaßen: möglichst nah am Kern der Mango beidseitig die »Backen« abschneiden. Das Fruchtfleisch rautenförmig in den »Backen« bis zur Schale einschneiden. Die Schale in der Mitte eindrücken, sodass sie sich umstülpt, dann lassen sich die einzelnen Würfel gut von der Schale schneiden. Vom Kernstück die Schale entfernen und Fruchtfleisch vom Kern schneiden.

im Bild links: **Preiselbeer-Schoko-Muffins** *im Bild rechts:* **Mango-Schoko-Muffins**

Mehr Pikantes

Pikante Muffins sind ideal für den kleinen Hunger, als feine kleine Vorspeise oder auch als Begleiter zu einem Glas Wein. Sie schmecken sowohl lauwarm als auch kalt und stehen ihren süßen Kollegen in Sachen Vielfalt in nichts nach. Und auch Vegetarier werden unter diesen internationalen Köstlichkeiten fündig.

Blitzrezepte

Grüne Muffins

FÜR 12 STÜCK

➤ 1 unbehandelte Zitrone | 200 + 50 g Erbsen (TK) | 100 g Frischkäse
250 g Mehl | 2 1/2 TL Backpulver
1 1/2 TL Salz | 2 TL Curry | 2 Eier
80 ml Öl | 200 g Buttermilch
12 Petersilienblätter | Fett für die Form

1 | Zitronenschale abreiben, Saft auspressen. Schale, 3 EL Saft, 50 g Erbsen und Frischkäse pürieren. Blech fetten und kalt stellen. Backofen auf 180° (Umluft 160°) vorheizen. Mehl, Backpulver, Salz und Curry mischen. Eier, Öl, Buttermilch und Frischkäse verquirlen, mit der Mehlmischung und 200 g Erbsen verrühren. Teig in die Vertiefungen füllen. Je 1 Petersilienblatt darauf legen. 20 Min. backen (Mitte), 5 Min. ruhen lassen.

Käse-Oliven-Muffins

FÜR 12 STÜCK

➤ 200 g Manchego (spanischer Hartkäse)
100 g entsteinte grüne Oliven
2 Zweige Rosmarin | 250 g Mehl
2 TL Backpulver | 2 Eier | 250 g Joghurt
2 TL Salz | 75 ml Öl | Fett für die Form

1 | Backofen auf 180° (Umluft 160°) vorheizen. Blech fetten, kalt stellen. Manchego entrinden, klein würfeln. Oliven in Scheiben schneiden. Rosmarinnadeln abstreifen, klein hacken. Mehl, Backpulver, Manchego, 75 g Oliven und Rosmarin mischen.

2 | Eier, Joghurt, Salz und Öl verquirlen, Mehlmischung unterrühren. Teig einfüllen, mit restlichen Olivenscheiben verzieren. Im Ofen (Mitte) 20 Min. backen, 5 Min. ruhen lassen.

saftig | nussig

Zucchini-Muffins

FÜR 12 STÜCK

- 50 g Sonnenblumenkerne
  250 g Zucchini | 1 Zwiebel
  100 g getrocknete Tomaten in Öl
  250 g Mehl
  2 1/2 TL Backpulver
  2 TL Salz
  Pfeffer, frisch gemahlen
  2 Eier | 2 EL Olivenöl
  300 g Joghurt
  6 Cocktailtomaten
  Fett für die Form

Zubereitung: 20 Min.
Backzeit: 25–30 Min.
- Pro Stück ca.: 170 kcal

1 | Sonnenblumenkerne in einer trockenen Pfanne ohne Fett rösten, abkühlen lassen. Zucchini putzen, mit dem Gemüsehobel in Julienne hobeln. Zwiebel schälen, Tomaten abtropfen lassen. Zwiebel und Tomaten fein würfeln.

2 | Backofen auf 180° (Umluft 160°) vorheizen, Muffinblech fetten und kalt stellen. Mehl, Backpulver, Sonnenblumenkerne, Salz und Pfeffer mischen. Eier, Olivenöl und Joghurt verquirlen, zügig mit der Mehlmischung, Zucchini, Zwiebeln und Tomaten verrühren.

3 | Teig in die Vertiefungen der Form füllen. Cocktailtomaten waschen, halbieren, mit der Schnittfläche nach oben in den Teig drücken. Im Backofen (Mitte) 25–30 Min. backen, im Blech 5 Min. ruhen lassen. Warm oder kalt servieren.

- Variante: Statt der Cocktailtomaten 2 EL Sonnenblumenkerne vor dem Backen über die Muffins streuen.

pikant | orientalisch

Hackfleisch-Muffins

FÜR 12 STÜCK

- 5 Scheiben Toastbrot
  250 g Joghurt
  75 g Pinienkerne
  2 Knoblauchzehen
  3 Frühlingszwiebeln
  300 g gemischtes Hackfleisch
  50 g Sultaninen | 2 Eier
  1/2 TL gemahlener Zimt
  1/2 TL Cayennepfeffer
  1 TL Salz
  Fett für die Form

Zubereitung: 25 Min.
Backzeit: 20–25 Min.
- Pro Stück ca.: 170 kcal

1 | Toastbrot würfeln, im Joghurt einweichen. Pinienkerne in einer trockenen Pfanne hellbraun rösten. Knoblauch schälen, Frühlingszwiebeln waschen und putzen, beides fein hacken. Backofen auf 200° (Umluft 180°) vorheizen. Das Muffinblech fetten und kalt stellen.

2 | Hackfleisch mit Brot, Pinienkernen, Knoblauch, Zwiebeln, Sultaninen und Eiern mischen. Mit Zimt, Cayennepfeffer und Salz pikant abschmecken.

3 | Den Fleischteig in die Vertiefungen füllen. Im Backofen (Mitte) 20–25 Min. backen, im Blech 5 Min. ruhen lassen. Die Muffins warm servieren.

- Dazu passt: Joghurt-Minze-Sauce (Rezept S. 9)

im Bild vorne: Zucchini-Muffins *im Bild hinten:* Hackfleisch-Muffins

fein | fürs Büfett

Kartoffel-Lachs-Muffins

FÜR 12 STÜCK

- **150 g Räucherlachs**
- **1 unbehandelte Zitrone**
- **100 g Crème fraîche**
- **200 g Mehl**
- **50 g Kartoffelpüreeflocken**
- **1 TL Salz**
- **2 TL getrockneter Dill**
- **2 1/2 TL Backpulver**
- **2 Eier | 80 ml Öl**
- **300 g Buttermilch**
- **Fett für die Form**

Zubereitung: 30 Min.
Backzeit: 20–25 Min.
Pro Stück ca.: 190 kcal

1 | Lachs würfeln. Zitrone waschen, Schale mit dem Zestenreißer abziehen, Saft auspressen. Crème fraîche mit 2 EL Zitronensaft und der Hälfte der Lachswürfel verrühren. Backofen auf 180° (Umluft 160°) vorheizen, Muffinblech fetten und kalt stellen.

2 | Mehl, Kartoffelpüreeflocken, Salz, Dill, Zitronenschale und Backpulver mischen. Eier, Öl und Buttermilch verquirlen, zügig mit der Mehlmischung und dem restlichen Lachs verrühren. Die Hälfte des Teigs in die Vertiefungen der Form füllen. Je 1 EL Lachssahne darauf setzen und mit dem restlichen Teig bedecken.

3 | Im Backofen (Mitte) 20–25 Min. backen. Im Blech 5 Min. ruhen lassen, herausnehmen, warm oder kalt servieren.

➤ Dazu passt: Wasabi-Frischkäsecreme (Rezept S. 9)

kernig | zum Mitnehmen

Polenta-Muffins

FÜR 12 STÜCK

- **100 g Butter | 100 g Bacon**
- **12 Salbeiblätter**
- **1 rote Paprikaschote**
- **150 g Maisgrieß**
- **100 g Mehl**
- **2 1/2 TL Backpulver**
- **50 g Parmesan, frisch gerieben**
- **100 g Kürbiskerne | 2 Eier**
- **300 g Buttermilch**
- **1 TL Salz**
- **Fett für die Form**

Zubereitung: 40 Min.
Backzeit: 20–25 Min.
Pro Stück ca.: 270 kcal

1 | Die Butter schmelzen. Bacon fein würfeln und in der Pfanne kross braten. Salbeiblätter in Streifen schneiden und mitbraten. Paprikaschote waschen, putzen und in kleine Würfel schneiden.

2 | Backofen auf 180° (Umluft 160°) vorheizen. Muffinblech fetten und kalt stellen. Maisgrieß, Mehl, Backpulver, Parmesan und 70 g Kürbiskerne mischen. Eier, Buttermilch, Salz und die abgekühlte Butter verquirlen, zügig mit der Mehlmischung, dem Speck und der Paprika verrühren.

3 | Teig in die Vertiefungen der Form füllen, mit den restlichen Kürbiskernen bestreuen. Im Backofen (Mitte) 20–25 Min. backen. Herausnehmen, 5 Min. in der Form ruhen lassen. Warm oder kalt servieren.

➤ Dazu passt: Ajvar (scharfe Paprikasauce) aus dem Glas verrührt mit Joghurt.

im Bild vorne: **Polenta-Muffins** *im Bild hinten:* **Kartoffel-Lachs-Muffins** ➤

delikate Beilage

Scharfe Möhren-Muffins

FÜR 12 STÜCK

➤ **300 g Möhren**
2 kleine Zwiebeln
2 Knoblauchzehen
90 ml Öl | 6 TL Zitronensaft
3 TL Salz | 2 Prisen Zucker
1 TL Cayennepfeffer
1 Bund glatte Petersilie
250 g Mehl
2 TL Backpulver
2 Eier | 250 g Joghurt
Fett für die Form

Zubereitung: 40 Min.
Backzeit: 20–25 Min.
➤ Pro Stück ca.: 140 kcal

1 | Möhren putzen, schälen und in dünne Scheiben schneiden. Zwiebeln und Knoblauch schälen und fein hacken. 1 EL Öl erhitzen, Zwiebeln darin glasig dünsten, Möhren und Knoblauch dazugeben, kurz anbraten, mit Zitronensaft und 3 EL Wasser ablöschen. Mit 1 TL Salz, Zucker und Cayennepfeffer würzen. Möhren zugedeckt in 10 Min. bissfest dünsten. Petersilie waschen und hacken, unter die Möhren rühren und abkühlen lassen.

2 | Backofen auf 180° (Umluft 160°) vorheizen. Muffinblech fetten und kalt stellen. Mehl und Backpulver mischen. Eier, Joghurt, restliches Salz und Öl verquirlen. Zuerst die Möhren-, dann die Mehlmischung unterrühren.

3 | Teig in die Vertiefungen füllen. Im Backofen (Mitte) 20–25 Min. backen. 5 Min. im Blech ruhen lassen, warm oder kalt servieren.

vegetarisch

Ziegenkäse-Muffins

FÜR 12 STÜCK

➤ **250 g Mehl**
2 TL Backpulver
3 große Tomaten
2 Knoblauchzehen
2 Eier | 250 g Joghurt
2 TL Salz | 75 ml Öl
1 Päckchen gemischte TK-Kräuter
150 g Ziegenfrischkäse
Fett für die Form

Zubereitung: 20 Min.
Backzeit: 20–25 Min.
➤ Pro Stück ca.: 160 kcal

1 | Backofen auf 180° (Umluft 160°) vorheizen. Muffinblech fetten und kalt stellen. Mehl und Backpulver mischen. Tomaten waschen, Stielansätze entfernen. Tomaten in je 4 dicke Scheiben schneiden. Enden anderweitig verwenden.

2 | Knoblauchzehen schälen und fein hacken. Eier, Joghurt, Salz, Öl, Knoblauch und Kräuter verquirlen, Mehlmischung unterrühren. Je 1 EL Teig in jede Blechvertiefung geben, darauf 1 TL Frischkäse, restlichen Teig darüber verteilen. Auf jeden Muffin 1 Tomatenscheibe legen und leicht andrücken.

3 | Im Backofen (Mitte) 20–25 Min. backen. 5 Min. im Blech ruhen lassen, lauwarm oder kalt servieren.

◄ *im Bild vorne:* Scharfe Möhren-Muffins *im Bild hinten:* Ziegenkäse-Muffins

deftig | fürs Büfett

Erdnuss-Puten-Muffins

FÜR 12 STÜCK

- 200 g Erdnusscreme
- 100 ml Milch
- 200 g Putenschnitzel
- 1 kleine Zwiebel
- 70 ml Öl
- 2 EL Sojasauce
- 2 EL Weißweinessig
- Zucker
- Cayennepfeffer
- 2 Eier | 200 g Joghurt
- 2 TL Salz
- 250 g Mehl
- 2 TL Backpulver
- 100 g Erdnusskerne
- Fett für die Form

Zubereitung: 40 Min.
Backzeit: 20–25 Min.
Pro Stück ca.: 300 kcal

1 | Erdnusscreme mit der Milch cremig rühren. Putenfleisch waschen, trockentupfen und klein würfeln. Zwiebel schälen und in Ringe schneiden. 2 EL Öl in einer Pfanne erhitzen, Putenfleisch darin rundherum anbraten, Zwiebel dazugeben und 5 Min. weiterbraten. Mit Sojasauce, Essig, Zucker und Cayennepfeffer würzen.

2 | Backofen auf 180° (Umluft 160°) vorheizen. Muffinblech fetten, kalt stellen. Eier, Joghurt, Salz, Erdnusscreme und restliches Öl verquirlen. Fleisch unterrühren. Mehl, Backpulver und Erdnüsse mischen und unter die Eiermischung rühren.

3 | Im Backofen (Mitte) 20–25 Min. backen. 5 Min. im Blech ruhen lassen, warm oder kalt servieren.

aromatisch

Hähnchen-Sherry-Muffins

FÜR 12 STÜCK

- 200 g Hähnchenbrustfilet
- 4 EL Sherry
- 2 TL Salz
- 90 ml Öl
- 1 rote Paprikaschote
- 250 g Mehl
- 2 TL Backpulver
- 2 Eier
- 250 g Joghurt
- Fett für die Form

Zubereitung: 40 Min.
Marinierzeit: 1 Std.
Backzeit: 20–25 Min.
Pro Stück ca.: 160 kcal

1 | Hähnchenbrust waschen, trockentupfen und klein würfeln. Mit Sherry und 1 TL Salz mischen, zugedeckt 1 Std. kühl gestellt marinieren.

2 | 1 EL Öl in einer Pfanne erhitzen und das Hähnchenfleisch mit der Marinade darin rundherum anbraten. Abkühlen lassen. Backofen auf 180° (Umluft 160°) vorheizen. Muffinblech fetten, kalt stellen. Paprikaschote halbieren, putzen, waschen und klein würfeln, mit Mehl und Backpulver mischen.

3 | Eier, Joghurt, restliches Salz und Öl verquirlen. Fleisch und Mehlmischung unterrühren. Teig in die Vertiefungen füllen. Im Backofen (Mitte) 20–25 Min. backen, warm oder kalt servieren.

im Bild links: Erdnuss-Puten-Muffins *im Bild rechts:* Hähnchen-Sherry-Muffins

Zum Gebrauch
Damit Sie Rezepte mit bestimmten Zutaten noch schneller finden können, stehen in diesem Register zusätzlich auch beliebte Zutaten wie **Frischkäse** oder **Mandeln** – ebenfalls alphabetisch geordnet und **halbfett** gedruckt über den entsprechenden Rezepten.

Die Autorinnen

Stefanie Poziombka hat Oecotrophologie studiert und sieht als Redakteurin beim GRÄFE UND UNZER VERLAG die Ernährungswissenschaft wunderbar mit dem Anspruch Genuss verbunden. In diesem Buch konnte sie ungehemmt ihrer Leidenschaft für süße und pikante Muffins frönen.
Birgit Rademacker, langjährige Leiterin der Redaktion Kochen des GRÄFE UND UNZER VERLAGES und leidenschaftliche Köchin, hat bereits den Titel »Landküche« bei GU veröffentlicht. Diesmal hat sie bei der Entwicklung der Muffinrezepte ihrer Kreativität freien Lauf gelassen.

Der Fotograf

Michael Brauner arbeitete nach Abschluss der Fotoschule in Berlin als Fotoassistent bei namhaften Fotografen in Frankreich und Deutschland, bevor er sich 1984 selbstständig machte. Sein individueller, atmosphärereicher Stil wird überall geschätzt: in der Werbung ebenso wie bei vielen bekannten Verlagen. In seinem Studio in Karlsruhe setzt er die Rezepte zahlreicher GU-Titel stimmungsvoll ins Bild.

Bildnachweis

Titelbild: Jörn Rynio, Hamburg
alle anderen Fotos: Michael Brauner, Karlsruhe.

Programmleitung:
Doris Birk
Leitende Redakteurin:
Birgit Rademacker
Redaktion: Tanja Germann, Susanne Klug, Stefanie Poziombka
Lektorat: Bettina Bartz
Layout, Typografie und Umschlaggestaltung:
Independent Medien Design, München
Satz:
Uhl + Massopust, Aalen
Herstellung: Gloria Pall
Reproduktion:
Repro Ludwig, Zell am See
Druck und Bindung:
Kaufmann, Lahr

ISBN(10) 3-7742-6599-2
ISBN(13) 978-3-7742-6599-8

Auflage 5. 4. 3. 2.
Jahr 2008 07 06

GRÄFE UND UNZER

Ein Unternehmen der
GANSKE VERLAGSGRUPPE

Das Original mit Garantie

Ihre Meinung ist uns wichtig. Deshalb möchten wir Ihre Kritik, gerne aber auch Ihr Lob erfahren. Um als führender Ratgeberverlag für Sie noch besser zu werden. Darum: Schreiben Sie uns! Wir freuen uns auf Ihre Post und wünschen Ihnen viel Spaß mit Ihrem GU-Ratgeber.

Unsere Garantie: Sollte ein GU-Ratgeber einmal einen Fehler enthalten, schicken Sie uns das Buch mit einem kleinen Hinweis und der Quittung innerhalb von sechs Monaten nach dem Kauf zurück. Wir tauschen Ihnen den GU-Ratgeber gegen einen anderen zum gleichen oder ähnlichen Thema um.

GRÄFE UND UNZER VERLAG
Redaktion
Kochen & Verwöhnen
Postfach 86 03 25
81630 München
Fax: 089/41981-113
e-mail: leserservice@graefe-und-unzer.de

GU KÜCHENRATGEBER

Neue Rezepte für den großen Kochspaß

ISBN (10) 3-7742-4886-9
ISBN (13) 978-3-7742-4886-1

ISBN (10) 3-7742-6335-3
ISBN (13) 978-3-7742-6335-2

ISBN (10) 3-7742-6538-0
ISBN (13) 978-3-7742-6538-7

ISBN (10) 3-7742-6331-0
ISBN (13) 978-3-7742-6331-4

ISBN (10) 3-7742-6064-8
ISBN (13) 978-3-7742-6064-1

ISBN (10) 3-7742-5456-7
ISBN (13) 978-3-7742-5456-5

64 Seiten, 7,50 € [D]

Das macht die GU Küchenratgeber zu etwas Besonderem:

- *Rezepte mit maximal 10 Hauptzutaten*
- *Blitzrezepte in jedem Kapitel*
- *alle Rezepte getestet*
- *Geling-Garantie durch die 10 GU-Erfolgstipps*

GU

Willkommen im Leben.

ZUTATEN TAUSCHEN

- Das im Rezept verwendete Obst durch andere Sorten von ähnlicher Konsistenz ersetzen.
- Ein Drittel der Mehlmenge durch 100 g Nüsse, Mandeln oder 50 g Kokosraspel ersetzen.
- Buttermilch, Joghurt, Sahne nach Belieben tauschen oder zum Teil durch Saft, Kaffee oder andere Flüssigkeit ersetzen.

Die Geling-Garantie fürs Muffinsbacken

EINFRIEREN

- Ungebackene Muffins in der Form gefrieren lassen, danach in Gefrierbeutel verpacken und bei Bedarf backen. So kann auch eine bunte Mischung gebacken werden.
- Frisch gebackene Muffins lassen sich ebenfalls gut einfrieren (ca. 2 Monate). Nach dem Auftauen kurz aufbacken.

ABKÜHLEN LASSEN

- Muffins nach dem Backen 5-10 Min. in der Form abkühlen lassen. Sie werden dadurch etwas fester und zerbrechen nicht so leicht.
- Beim Herausnehmen die Muffins in der Form leicht drehen, dadurch lösen sie sich gut vom Rand. Auf einem Kuchengitter auskühlen lassen.

OBST AUS DER TIEFKÜHLTRUHE

- Viele Obstsorten gibt es nicht zu jeder Jahreszeit, deshalb ist Obst aus der Tiefkühltruhe eine sehr gute Alternative. Das Obst sollten Sie jedoch unaufgetaut in den Teig geben, denn aufgetaut sind Früchte wie Him- und Blaubeeren sehr empfindlich, zerfallen beim Rühren und verfärben den Teig.